Mensch und Erde – ein Denkanstoß

Ludwig Klages

Mensch und Erde – ein Denkanstoß

Mit einem Nachwort von Jan Robert Weber

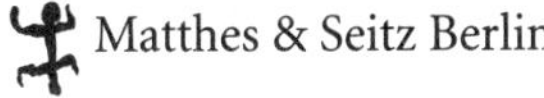
Matthes & Seitz Berlin

Jede Zeit und zumal unsre hat ihre Schlagworte, mit denen sie ihre Tendenzen gleichwie mit Trommelwirbeln verlautbart, die Stimme des Zweifels in den Reihen ihrer Anhänger betäubend und aus den Unparteiischen immer neue Züge um ihre Fahne scharend. Die drei stärksten der heutigen lauten ›Fortschritt‹, ›Kultur‹ und ›Persönlichkeit‹, so jedoch, daß der Fortschrittsgedanke als allein der Gegenwart eigentümlich die beiden anderen trägt und ihnen im herrschenden Denken die charakteristische Farbe leiht. Sie meint also, sich überlegen zu fühlen so den Naturvölkern als nicht minder den ihr voraufgegangenen Geschichtsabschnitten, und hat auf die Frage, worauf sie das gründe, die Antwort bereit: die Wissenschaft stehe auf nie zuvor erreichter Höhe, die Technik beherrsche die Natur, von der jede frühere Menschheit ratlos zurückgewichen sei, aus den unerschöpflichen Vorräten der Erde speise sie planmäßig das allgemeine Wohl, Raum und Zeit durchdringe mit der fernsprechenden Ätherwelle der Geist und sogar das grenzenlose Luftmeer habe nun endlich sein Erfindergenie ›erobert‹. Nicht für überzeugte Bekenner dieses Glaubens, die mit ihm sterben werden, wohl aber für ein jüngeres Geschlecht, das noch *fragt*, wollen wir versuchen, wenigstens an einer Stelle den Schleier zu lüften und die bedrohliche Selbsttäuschung aufzudecken, die er verhüllt.

Auch wem die furchtbaren Folgen noch fremd geblieben, die der Leitgedanke des ›Fortschritts‹ gezeitigt hat, müßte angesichts jener Gründe stutzig werden. Dem antiken Hellenen war Höchsterwünschtes die ›Kalokagathie‹, das ist die innere und äußere Menschenschönheit, die er im Bilde der Olympier sah; dem Mittelalter das ›Heil der Seele‹, worunter es die geistige Erhebung zu Gott verstand; dem Goetheschen Menschen die Vollkommenheit der Haltung, die ›Meisterschaft‹ im Wechsel der Geschicke; und, wie verschieden solche Ziele, wir verstehen ohne weiteres das tiefe Glück in der Erreichung eines jeden. Worauf aber der Fortschrittler stolz ist, sind bloße Erfolge, sind Machtzuwachse der Menschheit, die er gedankenlos mit Wertzuwachsen verwechselt, und wir müssen bezweifeln, ob er ein Glück zu würdigen fähig sei und nicht vielmehr nur die leere Befriedigung kenne, die das Bewußtsein der Herrschaft gibt. Macht allein ist blind gegen alle Werte, blind gegen Wahrheit und Recht und, wo sie diese noch zulassen muß, ganz gewiß blind gegen Schönheit und Leben. Wir knüpfen bei unsrer Gegenrechnung an Wohlbekanntes an.

Die Höhe der Wissenschaft sei zugegeben, wie wenig sie auch vor jeder Anfechtung sicher ist; die der Technik steht außer Zweifel. Was aber sind davon die Früchte, nach denen wir gemäß einem weisen Bibelwort den Wert alles menschlichen Tuns ermessen sollen? Beginnen wir mit solchen Erscheinungsformen des Lebens, deren Lebendigkeit niemals bestritten wurde, mit den Pflanzen und Tieren.

Die alten Völker träumten von einem verlorenen ›goldenen Zeitalter‹ oder Paradiese, wo der Löwe friedlich mit dem Lamm, die Schlange als prophetischer Schutzgeist mit dem Menschen hauste. Das sind so ganz nicht Träume gewesen, wie es uns jene Irrlehre glauben macht, die aus der Natur immer nur eines herauslas, den schrankenlosen ›Kampf ums Dasein‹.

Polarforscher erzählen uns von der furchtlosen Zutraulichkeit der Pinguine, Rentiere, Seelöwen, Robben, ja der Möwen beim ersten Erscheinen des Menschen. Pioniere der Tropen werden nicht müde, uns mit Erstaunen die Bilder kaum betretener Steppen zu entrollen, wo in friedlicher Gesellung durcheinander wimmeln Wildgänse, Kraniche, Ibisse, Flamingos, Reiher, Störche, Marabus, Giraffen, Zebras, Gnus, Antilopen, Gazellen. Von den eigentlichen Symbiosen vollends wissen wir, daß sie durch das ganze Tierreich und über die ganze Erde verbreitet sind. Wo aber der Fortschrittsmensch die Herrschaft antrat, deren er sich rühmt, hat er ringsumher Mord gesät und Grauen des Todes. Was blieb bei uns z. B. von der Tierwelt Germaniens? Bär und Wolf, Luchs und Wildkatze, Wisent, Elch und Auerochs, Adler und Geier, Kranich und Falke, Schwan und Uhu waren zur Fabel geworden, ehe noch der moderne Vernichtungskrieg einsetzte. Der aber hat gründlicher aufgeräumt. Unter dem schwachsinnigsten aller Vorwände, daß unzählige Tierarten ›schädlich‹ seien, hat er nahezu alles ausgerottet, was nicht Hase, Rebhuhn, Reh, Fasan und allenfalls noch Wildschwein heißt. Eber, Steinbock, Fuchs, Marder, Wiesel, Dachs und Otter, Tiere, an deren jedes die Legende uralte Erinnerungen knüpft, sind zusammengeschmolzen, wo nicht schon völlig dahin; Flußmöwe, Seeschwalbe, Kormoran, Taucher, Reiher, Eisvogel, Königsweih, Eule rücksichtsloser Verfolgung, die Robbenbänke der Ost- und Nordsee der Vertilgung preisgegeben. Man kennt mehr als zweihundert Namen deutscher Städte und Dörfer, die vom Biber stammen, ein Beweis für die Ausbreitung des fleißigen Nagers in früheren Zeiten; heute gibt es noch wenige Restkolonien in der Elbe zwischen Torgau und Wittenberg, die auch schon verschwunden wären ohne gesetzlichen Schutz! Und wer gewahrt nicht mit heimlicher Angst die von Jahr zu Jahr schnellere Abnahme unserer lieblichen Sänger, der Zugvögel! Noch vor knapp einem Menschenalter war selbst in den Städten zur Sommerszeit die blaue Luft vom Schwirren der Schwalben und Segler voll, ein Laut, durch den die Ferne und aller Wandertrieb zu ziehen scheint. Damals zählte man in einem Vorort Münchens an dreihundert bewohnte Nester, heute sind es noch vier oder fünf. Sogar auf dem Lande ist es unheimlich still geworden, und es schlagen auch nicht mehr wie an jedem taufrischen Morgen in den jubelnden Dichtungen Eichendorffs ›unzählige Lerchen‹. Schon muß man es zu den Glücksfällen rechnen, wenn man auf entlegenem Waldespfad aus sonnigem Wiesengrunde einmal wieder den lichten und ahnungsvollen Ruf der Wachtel hört, die früher zu Tausenden und Abertausenden die deutschen Gaue erfüllte und in Liedern des Volkes wie der Dichter lebt. Elster, Specht, Pirol, Meise, Rotschwänzchen, Grasmücke, Nachtigall – sie alle schwinden, wie es scheint, unaufhaltsam dahin.

Die Mehrzahl der Zeitgenossen, in Großstädten zusammengesperrt und von Jugend auf gewöhnt an rauchende Schlote, Getöse des Straßenlärms und taghelle Nächte, hat keinen Maßstab mehr für die Schönheit der Landschaft, glaubt schon Natur zu sehen beim Anblick eines Kartoffelfeldes und findet auch höhere Ansprüche befriedigt, wenn in den mageren Chausseebäumen einige Stare und Spatzen zwitschern. Rührt aber doch einmal vom Klingen und Duften deutscher Landschaft, wie sie noch vor etwa siebzig Jahren war, aus Wort und Bild jener Tage ein Hauch die verödeten Seelen an, so gibt es alsbald wieder wetterfeste Redensarten genug von ›wirtschaftlicher Entwicklung‹, Erfordernissen des ›Nutzens‹, unvermeidlichen Nöten des kulturellen Prozesses, um den mahnenden Vorwurf zu bannen. Da ist es denn nötig, daß wir den Kreis unsrer Betrachtung etwas erweitern.

Wir lassen dahingestellt, woher denn die dürre Nützlichkeit das Recht nimmt, sich zum obersten Grundsatz alles Handelns und die traurigsten Verheerungen berechtigt zu machen. Wir wollen auch nicht wiederholen, was bald Gemeingut des Wissens ist, daß in keinem, aber auch keinem Falle der Mensch die Natur mit Erfolg korrigieren konnte. Wo die Singvögel schwinden, vermehren sich maßlos blutsaugende Insekten und schädliche Raupen, die oft schon in wenigen Tagen Weinberge und Wälder kahl gefressen; wo man die Bussarde abschießt und die Kreuzottern ausrottet, kommt die Mäuseplage und verdirbt durch Zerstörung der Hummelnester den zu seiner Befruchtung auf diese Insektenart angewiesenen Klee; das größere Raubzeug besorgte die Auslese unter dem Jagdwild, welches durch Fortpflanzung kranker Stücke entartet, wo seine natürlichen Feinde fehlen; und so geht es fort bis zu den schlimmeren Rückschlägen der verwundeten Natur exotischer Länder in Gestalt jener furchtbaren Seuchen, die sich an die Ferse des ›zivilisierenden‹ Europäers heften. Entstand doch z. B. die ostasiatische Pest wesentlich infolge des massenhaften Vertriebs keimebergender Felle dortiger Nager, wie des sibirischen Murmeltiers. Das alles wollen wir beiseite lassen, um mit wenigen Beispielen nur den einen und entscheidenden Punkt zu beleuchten, daß der Nutzen, auf den man pocht, nicht das mindeste mit stofflicher Notdurft zu schaffen hat.

Was der Reichsdeutsche Hochwald nennt, ist jung aufgeforstetes Stangenholz; der wirkliche Hochwald aber, der bei uns zur frommen Sage wurde, geht auf dem ganzen Erdball seinem Ende entgegen. Das zur Indianerzeit waldreichste aller Festländer, Nordamerika, muß seinen Holzbedarf heute durch Einfuhr decken; und die einzig noch ausführenden Länder, Ungarn, Rußland, Skandinavien und Kanada, werden bald ihres Überflusses ledig sein. Die ›fortgeschrittenen‹ Völker, im ganzen genommen, brauchen alljährlich rund dreihundertfünfzigtausend Tonnen Holz zur Papierbeschaffung, damit durchschnittlich alle zwei Minuten ein Buch und mindestens jede Sekunde eine Zeitung erscheine – so groß nämlich ungefähr ist die Erzeugung dieser Artikel im Umkreis der ›Zivilisation‹. Man beweise uns die Notwendigkeit, daß die Menschheit mit Milliarden schlechter Zeitungen, Schmähschriften, Schauerromanen überschwemmt werde; und wenn man es nicht kann, so ist die Rodung der Urwälder nackter Frevel.

Die Italiener fangen und morden auf grausame Weise alljährlich Millionen an ihren Küsten erschöpft einfallender Zugvögel; und was sie davon nicht selbst verspeisen, das füllt ihre Beutel durch Ausfuhr nach England und Frankreich. Da Zahlen deutlicher sprechen: ein einziger Schiffstransport brachte 1909 beispielsweise zweiundsiebzigtausend lebende Wachteln, in enge Käfige gepfercht, nach England, wo die armen Tiere in kläglichem Zustande für die Liebhaber geschlachtet wurden. Auf der Sorrentiner Halbinsel fängt man ihrer lebendig Jahr für Jahr bis zu fünfhunderttausend. Die durchschnittliche Vernichtungsziffer für Ägypten beläuft sich auf ungefähr drei Millionen, nicht gerechnet die unzähligen Lerchen, Ortolane, Grasmücken, Schwalben, Nachtigallen![1] Dem Wohlleben und dem Geschäft, nicht aber dem Hunger fallen die gefiederten Sänger zum Opfer.

Noch weit grauenvollere Verheerungen richtet die Mode an, will sagen die Gewinnlust einiger Schneider und Händler, deren dürftige Erfindungsgabe vom Satan selber eingeblasen erscheint. Hier ein Auszug aus dem ›Cri de Paris‹: »Die Pariser Putzmacherinnen verarbeiten jedes Jahr bis zu vierzigtausend Seeschwalben und Möwen. Ein Londoner Händler verkaufte im vorigen Jahr zweiunddreißigtausend Kolibris, achtzigtausend verschiedene Seevögel und achthunderttausend Paar Vogelflügel der verschiedensten Arten. Man darf annehmen, daß jedes Jahr nicht weniger als dreihundert Millionen Vögel für die Frauenmode geopfert werden. Es gibt Länder, die bestimmte Vogelarten, welche eine besondere Erscheinung der betreffenden Gegenden bildeten, vollständig verloren haben. Damit die Schwung- oder Flaumfedern ihren Glanz bewahren, darf man nur lebende Vögel rupfen; man macht daher auf die armen Tiere nicht mit der Flinte Jagd, sondern mit dem Netze. Der unmenschliche ›Jäger‹ reißt den gefangenen Vögeln die Federn vom Leibe, und die unschuldigen Opfer der Mode müssen die größten Martern erdulden, ehe sie unter krampfhaften Zuckungen den Tod finden.«[2]

Dergleichen läßt die Menschheit, die sich die gesittete nennt, stumpfsinnig geschehen, und während ein unerhörtes Morden sich um die Erde wälzt, prunken die Frauen gedankenlos mit den traurigen Trophäen einher. Es braucht nicht betont zu werden, daß alle aufgezählten Arten und viele andre, darunter der farbenstrahlende Paradiesvogel und der schwingenmächtige Albatros, dem Aussterben nahe sind. Und das gleiche Schicksal droht über kurz oder lang allen Tiergeschlechtern, soweit sie der Mensch nicht gezüchtet oder verhäuslicht hat.

Die Milliarden Pelztiere Nordamerikas, die unzähligen Blaufüchse, Zobeltiere, Hermeline Sibiriens erliegen den Exzessen der Mode.

Seit im Jahre 1908 in Kopenhagen eine Aktiengesellschaft entstand ›zum Betrieb von Walfischfang in großem Stile und nach einer neuen Methode‹, nämlich mit schwimmenden Fabriken, welche die erlegten Tiere sogleich verarbeiten, wurden im Laufe der beiden folgenden Jahre rund fünfhunderttausend dieses größten Säugers der Erde hingeschlachtet, und der Tag ist nahe, wo der Wal der Geschichte und den Museen angehört.

Jahrtausendelang durchstreifte zu Millionen der amerikanische Büffel, das liebste Jagdwild des Indianers, die Prärie. Kaum aber, daß der ›fortgeschrittene‹ Europäer das Land betreten, so begann ein entsetzliches und sinnloses Morden, und heute ist es mit dem Bison aus und vorbei. Das nämliche Trauerspiel wiederholt sich zur Zeit in Afrika. »Um die sogenannte Kulturmenschheit mit Billardkugeln, Stockknöpfen, feinen Kämmen und Fächern und ähnlichen ungeheuer nützlichen Gegenständen zu versehen, werden nach den neuesten Berechnungen des Pariser Forschers Tournier achthunderttausend Kilogramm

Elfenbein jährlich verarbeitet. Das ist gleichbedeutend mit der Niedermetzelung von fünfzigtausend der gewaltigsten Tiere der Welt. Nach den neuesten Mitteilungen hat von dem Augenblick an, wo der Kongostaat die Verwaltung des Bezirks Lado aufgab, eine englische Jagdgesellschaft eine Elefantenherde von achttausend Köpfen umzingelt und niedergemacht, die Weibchen und Jungen eingeschlossen.«[3]

Im gleichen Stil werden schonungslos hingemordet Antilopen, Nashörner, Wildpferde, Känguruhs, Giraffen, Strauße, Gnus in den tropischen, Eisbären, Moschusochsen, Polarfüchse, Walrosse, Seehunde in den arktischen Zonen. Eine Verwüstungsorgie ohnegleichen hat die Menschheit ergriffen, die ›Zivilisation‹ trägt die Züge entfesselter Mordsucht, und die Fülle der Erde verdorrt vor ihrem giftigen Anhauch. So also sehen die Früchte des ›Fortschritts‹ aus!

Sie sind, wie gesagt, bekannt. Wohlmeinende und warmherzige Männer haben in den letzten zehn Jahren wieder und wieder die warnende Stimme erhoben und suchen durch Natur- und Heimatschutzbünde dem Übel zu steuern; nicht bekannt aber ist die tiefste Ursache und die ganze Tragweite des Unheils. Bevor wir jedoch darauf eingehen, fahren wir in unserer Anklage fort.

Wir brauchen es nicht zu entscheiden, ob das Leben über die Welt der Eigenwesen hinausreiche oder nicht, ob die Erde, wie es der Glaube der Alten wollte, ein lebendes Wesen oder aber (nach der Ansicht der Neueren) ein unfühlender Klumpen ›toter Materie‹ sei; denn soviel steht fest, daß Gelände, Wolkenspiel, Gewässer, Pflanzenhülle und Geschäftigkeit der Tiere aus jeder Landschaft ein tieferregendes *Ganzes* wirken, welches das Einzellebendige wie in einer Arche umfängt, es einverwebend dem großen Geschehen des Alls. Im Tönesturm des Planeten unentbehrliche Akkorde sind die erhabene Öde der Wüste, die Feierlichkeit des Hochgebirges, die ziehende Wehmut weiter Heiden, das geheimnisvolle Weben des Hochwaldes, das Pulsen seeblitzender Küstenstriche. Ihnen betteten sich ein oder es blieben träumend mit ihnen verschmolzen die ursprünglichen Werke des Menschen. Ob wir den Blick auf den mahnenden Tiefsinn richten der Pyramiden, Sphinxreihen, lotosknäufigen Säulen Ägyptens, auf die scheinhafte Zierlichkeit chinesischer Glockentürme, die gegliederte Klarheit hellenischer Tempel oder auf die warme Heimlichkeit des niederdeutschen Bauernhauses, die Steppenfreiheit des Tatarenzeltes – sie atmen ein jedes und offenbaren die Seele der Landschaft, aus der sie emporgewachsen. Wie sich die früheren Völker gern Erdentsprossene nannten, so ist in Form und Farbe erdentsprossen alles, was sie schufen, von den Wohnstätten an bis zu den Waffen und Hausgeräten, den Dolchen, Speeren, Pfeilen, Äxten, Schwertern, den Ketten, Spangen und Ringen, den formschönen und zierdereichen Gefäßen, den Kürbisnäpfen und Kupferschalen, den tausendfältigen Geflechten und Geweben.

Schrecklicher noch, als was wir bisher gehört, wenn auch vielleicht nicht ganz im gleichen Maße unverbesserbar, sind die Wirkungen des ›Fortschritts‹ auf das Bild besiedelter Gegenden. Zerrissen ist der Zusammenhang zwischen Menschenschöpfung und Erde, vernichtet für Jahrhunderte, wenn nicht für immer, das Urlied der Landschaft. Dieselben Schienenstränge, Telegraphendrähte, Starkstromleitungen durchschneiden mit roher Geradlinigkeit Wald und Bergprofile, sei es hier, sei es in Indien, Ägypten, Australien, Amerika; die gleichen grauen vielstöckigen Mietskasernen reihen sich einförmig aneinander, wo immer der Bildungsmensch seine ›segenbringende‹ Tätigkeit entfaltet; bei uns wie anderswo werden die Gefilde ›verkoppelt‹, d. h. in rechteckige und quadratische Stücke zerschnitten, Gräben zugeschüttet, blühende Hecken rasiert, schilfumstandene Weiher ausgetrocknet; die blühende Wildnis der Forste von ehedem hat ungemischten Beständen zu weichen, soldatisch in Reihen gestellt und ohne das Dickicht des ›schädlichen‹ Unterholzes; aus den Flußläufen, welche einst in labyrinthischen Krümmungen zwischen üppigen Hängen glitten, macht man schnurgerade Kanäle; die Stromschnellen und Wasserfälle, und wäre es selbst der Niagara, haben elektrische Sammelstellen zu speisen; Wälder von Schloten steigen an ihren Ufern empor, und die giftigen Abwässer der Fabriken verjauchen das lautere Naß der Erde – kurz, das Antlitz der Festländer verwandelt sich allgemach in ein mit Landwirtschaft durchsetztes Chicago!

»O mein Gott«, rief schon vor hundert Jahren der ritterliche Achim von Arnim aus, »wo sind die alten Bäume, unter denen wir noch gestern richteten, die uralten Zeichen fester Grenzen, was ist damit geschehen, was geschieht? Fast vergessen sind sie schon unter dem Volke, schmerzlich stoßen wir uns an ihren Wurzeln. Ist der Scheitel hoher Berge nur einmal ganz abgeholzt, es wächst da kein Holz wieder; daß Deutschland nicht so verwirtschaftet werde, sei unser Bemühen!« Und Lenau faßte die landschaftlichen Eindrücke, die er in unserer Heimat empfangen, in die Worte zusammen, man habe die Natur an der Gurgel gepackt, daß ihr das Blut aus allen Poren spritzte. Was würden diese Männer heute sagen! Heute zögen sie es vielleicht vor, gleich Heinrich von Kleist eine Erde zu verlassen, die ihr entarteter Sohn, der Mensch, solchermaßen geschändet hat. »Die Verwüstungen des Dreißigjährigen Krieges haben nicht so gründlich in Stadt und Land mit dem Erbe der Vergangenheit aufgeräumt wie die Übergriffe des modernen Lebens mit seiner rücksichtslos einseitigen Verfolgung praktischer Zwecke.«[4]

Was aber das heuchlerische Naturgefühl der sogenannten Touristik anlangt, so brauchen wir wohl kaum noch auf die Verwüstungen hinzuweisen, welche die ›Erschließung‹ weltfremder Küsten und Gebirgstäler nach sich zog. Das alles wurde ja wieder und wieder, obwohl vergeblich, ausgesprochen, mustergültig schon 1880 durch den trefflichen Rudorff, auf dessen Aufsatz »Über das Verhältnis des modernen Lebens zur Natur« (wieder abgedruckt in der Zeitschrift für Heimatschutz 1910, Heft 1) wir jedermann nachdrücklich hinweisen wollen.

Aber mit alledem nicht genug, die Wut der Vertilgung hat auch durch die Menschheit ihre blutige Furche gezogen. Dahingeschwunden sind ganz oder nahezu, weil entweder niedergemacht und ausgehungert oder zu hoffnungslosem Siechtum verurteilt durch die Geschenke des ›Fortschritts‹: Branntwein, Opium, Syphilis, die Naturvölker. Aus und vorbei ist es mit den Indianern, vorbei mit den Urbewohnern Australiens, vorbei mit allen besten der polynesischen Stämme; die tapfersten Negervölker widerstreben und erliegen der ›Zivilisation‹; und soeben erlebten wir es, daß Europa gleichmütig zusah, wie sein letztes Urvolk, die Albaner, die ›Adlersöhne‹, die ihren Stamm bis auf die sagenhaften ›Pelasger‹ zurückführen, von den Serben zu Tausenden und Abertausenden planmäßig umgebracht wurden.

Wir täuschten uns nicht, als wir den ›Fortschritt‹ leerer Machtgelüste verdächtig fanden, und wir sehen, daß Methode im Wahnwitz der Zerstörung steckt. Unter den Vorwänden von ›Nutzen‹, ›wirtschaftlicher Entwicklung‹, ›Kultur‹ geht er in Wahrheit auf *Vernichtung des Lebens* aus. Er trifft es in allen seinen Erscheinungsformen, rodet Wälder, streicht die Tiergeschlechter, löscht die ursprünglichen Völker aus, überklebt und verunstaltet mit dem Firnis der Gewerblichkeit die Landschaft und entwürdigt, was er von Lebewesen noch überläßt, gleich dem ›Schlachtvieh‹ zur bloßen Ware, zum vogelfreien Gegenstande eines schrankenlosen Beutehungers. In seinem Dienste aber steht die gesamte Technik und in deren Dienste wieder die weitaus größte Domäne der Wissenschaft.

Hier halten wir einen Augenblick inne. Irgendwie gehört zur Natur auch der Mensch; manche meinen sogar, er gehöre ihr völlig zu, was zwar, wie wir sehen werden, ein Irrtum ist; jedenfalls aber lebt doch auch er, und wenn etwas in ihm mit dem Leben streitet, so stritte es nicht zuletzt mit ihm selbst. Unsre Beweiskette müßte des wichtigsten Gliedes entbehren, wenn wir nicht auch noch Beispiele böten für die *Selbstzersetzung des Menschentums.*

Die Totenliste, die hier zu schreiben wäre, um auch nur das Wichtigste namhaft zu machen, überträfe noch weit die der Tiere, daher es genügen mag, aufs Geratewohl ein paar Haupttatsachen herauszugreifen.

Wo sind die Volksfeste und heiligen Bräuche geblieben, dieser jahrtausendelang unversiegbare Born für Mythos und Dichtung: der Flurumritt zum Gedeihen der Saaten, der Zug der Pfingstbraut, der Fackellauf durch die Kornfelder! Wo der verwirrende Reichtum der Trachten, in denen jedes Volk sein Wesen, dem Bilde der Landschaft eingepaßt, zum Ausdruck brachte! Für die reichen Gehänge, bunten Mieder, gestickten Westen, metallschweren Gürtel, leichten Sandalen oder die togaartigen Überwürfe, faltigen Turbane, fließenden Kimonos beschert die ›Zivilisation‹ auf der ganzen Erde den Männern das Grau des Sakkoanzuges, den Frauen die – neueste Pariser Mode!

Wo endlich blieb das Volkslied, der uralt ewig neue Liederschatz, der alles Menschenwerden und -vergehen sänftigend wie ein silbernes Gespinst verbarg! Hochzeit und Leichenfeier, Rache, Krieg und Untergang, Zecherübermut und Wandersinn, Reiterkeckheit, Kindsgefühl und Mutterlust atmeten und strömten in unerschöpflichen Liedern, bald zu heißer Tat entfachend, bald in den Schlummer des Vergessens wiegend. Man dichtete und sang beim Tanz, beim vollen Becher, bei Abschied und Wiederkehr, bei Weihung und Zauberspruch, im Dämmer der Spinnstuben, vor der Schlacht, an der Bahre des Gefallenen, man reizte sich auf durch Spottlieder, focht Zwiste in Wettgesängen aus, umwob mit dunkelheller Poesie Gebirge, Quell und Strauch, Haustier, Wild und Pflanze, Wolkenzug und Regenguß. Und, was uns heute nachzufühlen fast schon versagt ist, sogar die Arbeit wurde zur Feier. Nicht im Wandern und bei festlichen Gelagen nur, man sang auch beim Winden des Ankers und zum Rhythmus des Ruderschlages, beim Tragen schwerer Lasten und beim Treideln der Schiffe, beim Binden der Fässer, zum Takt des Schmiedehammers, beim Streuen der Saat, beim Mähen, Dreschen, Mahlen der Körner, beim Flachsbrechen, Weben und Flechten. Nicht nur ergrauen ließ der ›Fortschritt‹ das Leben, er hat es auch stumm gemacht. Doch nein – wir vergaßen, daß er dem toten Urgesang den Gassenhauer folgen ließ, die Operettenmelodie und süßliche Weise des Kabaretts, daß er die urgewachsenen Tonwerkzeuge wie die spanische Gitarre, italienische Mandoline, finnische Kantele, südslawische Gusle, russische Balalaika durch Klavier und Grammophon ersetzte![5] So hätten wir denn beisammen die Früchte des ›Fortschritts‹! Wie ein fressendes Feuer fegte er über die Erde hin, und wo er die Stätte einmal gründlich kahl gebrannt, da gedeiht nichts mehr, solange es noch Menschen gibt! Vertilgte Tier- und Pflanzenarten erneuern sich nicht, die heimliche Herzenswärme der Menschheit ist aufgetrunken, verschüttet der innere Born, der Liederblüten und heilige Feste nährte, und es blieb ein mürrischkalter Arbeitstag, mit dem falschen Flitter lärmender Vergnügungen angetan. Kein Zweifel, wir stehen im Zeitalter des *Unterganges der Seele.*

Wie gäbe es aber unter solchen Umständen noch große Persönlichkeiten! Wir verkennen gewiß nicht den Wert der Erfindungsgabe an den Meistern der Technik, nicht des Rechentalents an den Fürsten des Großgewerbes; aber auch, wenn man dergleichen auf die nämliche Stufe höbe mit lebendiger Schöpferkraft, so bleibt es doch sicher, daß es niemals imstande wäre, das Leben zu bereichern. Die gescheiteste Maschine hat nur Bedeutung im Dienste eines Zweckes, nicht an sich selbst, und der umfangreichste Gewerbeverband der Gegenwart ist in tausend Jahren ein

Nichts, indes die Gesänge Homers, die Weisheitsworte Heraklits, die Tonwerke Beethovens zum nie veraltenden Schatz des Lebens gehören. Wie traurig aber sieht es jetzt mit unserem Denker- und Dichtertum aus, das man einst mit Recht an uns rühmte! Wen haben wir noch, seit die Veteranen des Geistes und der Tat auf allen Gebieten von uns schieden: die Burckhardt, Böcklin, Bachofen, Mommsen, Bismarck, Keller, seit auch Nietzsche, einem letzten Auflodern alter Gluten vergleichbar, spurlos und ohne Nachfolge dahinging! Leer ist es auf dem Parnaß, in der Politik und in der Weisheitslehre geworden, von der ganz verrotteten Kunst zu schweigen.

Steigen wir gar auf den Plan des Alltags herab, so enthüllt sich die Redensart von ›Persönlichkeit‹ und ›Kultur‹ in ihrer ganzen Nichtigkeit.

Die meisten leben nicht, sondern *existieren* nur mehr, sei es als Sklaven des ›Berufs‹, die sich maschinenhaft im Dienste großer Betriebe verbrauchen, sei es als Sklaven des Geldes, besinnungslos anheimgegeben dem Zahlendelirium der Aktien und Gründungen, sei es endlich als Sklaven großstädtischen Zerstreuungstaumels; ebenso viele aber fühlen dumpf den Zusammenbruch und die wachsende Freudlosigkeit. In keiner Zeit noch war die Unzufriedenheit größer und vergiftender. Gruppen und Grüppchen schließen sich rücksichtslos zusammen um Sonderinteressen, im zähen Erhaltungskampfe stoßen hart aufeinander Gewerbe, Stände, Völker, Rassen, Bekenntnisse und innerhalb jedes Verbandes wieder voll Eigensucht und Ehrgeiz die Einzelmenschen. Und da der Mensch sich die Welt stets nach dem Bilde des eigenen Zustandes deutet, so glaubt er auch in der Natur ein wüstes Ringen um Macht zu sehen, wähnt sich im Recht, wenn er allein im ›Kampf ums Dasein‹ überblieb, malt sich die Welt nach dem Gleichnis einer großen Maschine, wo immer die Kolben nur stampfen, die Räder schnurren müssen, damit ›Energie‹ – man sieht nicht zu welchem Ende – umgesetzt werde, und bringt es mit einem geschwätzigen sogenannten Monismus fertig, das billionenfältige Leben aller Gestirne umzufälschen und herabzuwerten zum bloßen Sockel des menschlichen Ichs. Wie man früher einmal die Liebe gepriesen oder die Entsagung oder gottrunkene Entrücktheit, so treibt man heute eine Art Erfolgsreligion und verkündet auf dem Grabe der Vorwelt jenen Kleinleuteglauben, den Nietzsches glühender Hohn vorweggenommen, als er seinen ›letzten Menschen‹ mit Augenblinzeln sagen ließ: »Wir haben das Glück erfunden!«

Die seichten Irrtümer all dieser Systeme, Sekten und Richtungen werden freilich nicht von langer Dauer sein.

Die Natur kennt keinen ›Kampf ums Dasein‹, sondern nur den aus der Fürsorge für das Leben. Viele Insekten sterben nach dem Begattungsvorgang, so wenig legt die Natur auf Erhaltung Gewicht, wenn nur in ähnlichen Formen die Woge des Lebens weiterrollt. Was ein Tier das andre jagen und töten läßt, ist das Bedürfnis des Hungers, nicht Erwerbssinn, Ehrgeiz, Machtgelüste. Hier klafft ein Abgrund, den keine Entwicklungslogik je überbrücken wird. Nie wurden denn Arten durch andre ausgerottet, da jedem Zuviel auf der einen Seite alsbald der Rückschlag folgt, indem durch stärkere Lichtung der Beute dem Feinde die Nahrung ausgeht; sondern ihr Wechsel vollzog sich in riesenhaften Zeiträumen aus planetarischen Gründen und führte eine beständige Vermehrung der Unterformen herbei. Die Vertilgung Hunderter von Arten in wenigen Menschenaltern läßt keine Vergleichung zu mit dem Aussterben etwa der Saurier oder des Mammuts.

Ganz geistverlassen vollends ist die Übertragung physikalischer Mengengesetze wie dessen von der Erhaltung der Kraft auf Fragen des Lebens. Noch hat die Retorte keine lebende Zelle hervorgebracht, und wenn sie es täte, so geschähe es nicht durch eine Verknüpfung von ›Kräften‹, sondern weil auch die chemischen Stoffe schon Leben bargen. Leben ist beständiger Wiedererneuerung fähige Form; löschen wir diese aus, indem wir die Art vertilgen, so ist die Erde für alle Zeiten um sie verarmt, unbeschadet der sogenannten Erhaltung der Kräfte.

Solche Irrlehren werden, wie gesagt, verschwinden, nicht aber die Folgen des realen Ereignisverlaufes, von dem alle Lehrbegriffe ja doch nur der gedankliche Schatten sind. In nichts findet die Meinung derer eine Stütze, welche die geschehene Zerstörung für den Nebenerfolg vorübergehender Zustände halten, auf die eine wiederaufbauende Tätigkeit folgen werde. Damit kommen wir zum Sinn einer Vorgangsfolge, die man die ›Weltgeschichte‹ zu heißen pflegt.

Man verfehlt ihn gründlich, wenn man ihn sucht in den Leistungen des ›reinen Verstandes‹. Wir müssen uns der allzu harmlosen Ansicht entschlagen lernen, die Erkenntnis wachse durch die Gelehrten aus sich selbst und jedes Folgegeschlecht mehre in Wissen und Können nur eben die Erbschaft aller verflossenen. Daß die Griechen nicht drahten, kabeln und funken konnten, erklärt das gewöhnliche Vorurteil aus ihrem Minder an physikalischer Wissenschaft. Allein sie bauten Tempel, meißelten Bildsäulen, schnitten Gemmen von einer Schönheit und Zartheit, wie sie uns nicht mehr beschieden ist, die wir doch künstlichste Instrumente zusammenfügen! Ohne Versuche zu machen und gestützt auf alltägliche Wahrnehmungen, hinterließen sie Lehrgebäude der Weisheit, die das Denken der abendländischen Menschheit anderthalb Jahrtausende völlig und noch jetzt zum großen Teil bestimmen. Die lehrbare Tugend des Sokrates kehrt etwas magerer wieder im ›kategorischen Imperativ‹ Kants, die platonische Ideenlehre in der Ästhetik Schopenhauers, das Gedankengerüst der chemischen Atomistik stammt von Demokrit! Ist es angesichts dessen wahrscheinlicher, daß sie Physik nicht trieben aus Unvermögen oder aber, weil sie es gar nicht wollten, und dürfte nicht ihre Mystik mancherlei Einsicht bergen, die wir verlernten?! Ein andres Beispiel: Dem uralten Kulturvolk der Chinesen wären noch heute alle neuzeitlichen Erfindungen fremd, hätten nicht wir sie ihm aufgenötigt. Schlagen wir aber einen ihrer großen Philosophen auf, die vor dreieinhalb Jahrtausenden blühten, einen Laotse oder Liä Dsi, so spricht uns ein solcher Tiefsinn der Weisheit an, daß in Vergleichung damit sogar ein Goethe zum Stümper wird. Wenn sie die Wissenschaft *nicht* besaßen, mit deren Hilfe man Kanonen baut, Gebirge sprengt, künstliche Butter macht, so liegt die Annahme näher, daß sie daran kein *Interesse* hatten. Hinter der Erkenntnisbemühung stehen fordernd und lenkend die Zwecke der Menschheit, und nur aus der Richtung dieser können wir jene verstehen.

Damit die fortschrittliche Forschung der Neuzeit einsetzen konnte, mußte der große Gesinnungswandel vollzogen sein, dessen Ausübungsweise man Kapitalismus nennt.

Daß die glänzenden Errungenschaften der Physik und Chemie einzig dem Kapital gedient, darüber besteht für denkende Köpfe heute kein Zweifel mehr; aber nicht einmal schwer zu erweisen wäre die gleiche Richtung in den herrschenden Lehren selbst. Die unterscheidend besondere Leistung der neueren Wissenschaft, die Ersetzung aller Arteigenschaften durch das bloße Mengenverhältnis, wiederholt nur im Sinne der Erkenntnisgestaltung das Grundgesetz einer Willensführung, welche den schimmernden Farbenreichtum seelischer Werte: des Blutes, der Schönheit, Würde, Inbrunst, Anmut, Wärme, Mütterlichkeit dem erschlichenen Wert jener eingebildeten Macht geopfert, die sich meßbar verkörpert im Geldbesitz. Man hat ja dafür auch das Wort ›Mammonismus‹ geprägt; allein wohl nur wenige sind sich bewußt geworden, daß dieser Mammon ein wirkliches Wesen ist, das sich der Menschheit als eines Werkzeugs bemächtigt, um das Leben der Erde auszutilgen. Darüber sei noch ein aufschlußgebendes Wort erlaubt.

Wenn schon ›Fortschritt‹, ›Zivilisation‹, ›Kapitalismus‹ nur verschiedene Seiten einer einzigen Willensrichtung bedeuten, so mögen wir uns erinnern, daß deren Träger ausschließlich die Völker der Christenheit sind. Nur innerhalb ihrer wurde Erfindung auf Erfindung gehäuft, blühte die ›exakte‹, will sagen die zahlenmäßige Wissenschaft und regte sich rücksichtslos der Erweiterungsdrang, der die außerchristlichen Rassen knechten und die gesamte Natur verwirtschaften will. Im Christentum also müssen die nächsten Ursachen des weltgeschichtlichen ›Fortschritts‹ liegen. Nun hat zwar das Christentum immer Liebe gepredigt, allein man betrachte diese Liebe genauer, und man wird finden, daß sie im Grunde nur mit überredendem Wort vergoldet ein bedingungsloses ›Du sollst‹ der Achtung, und zwar allein des Menschen, des Menschen in vergötterter Gegenstellung zur gesamten Natur. Mit Menschheitsgeltung oder ›Humanität‹ verschleiert das Christentum, was es eigentlich meint: daß alles übrige Leben wertlos sei, außer sofern es dem Menschen diene! Seine ›Liebe‹ hat es vordem nicht gehindert, mit tödlichem Haß den Naturdienst der Heiden zu verfolgen, und hindert es heute nicht, mit Geringschätzung die heiligen Bräuche kindlicher Völker abzutun. Der Buddhismus verbietet bekanntlich die Tötung von Tieren, weil auch das Tier mit uns desselbigen Wesens sei; der Italiener, dem man mit solchem Einwand käme, wenn er Tiere zu Tode martert, antwortet »senza anima« und »non è christiano«, denn für den gläubigen Christen gibt es ein Daseinsrecht nurmehr des Menschen. Den altertümlichen Frommsinn, der auch mit dieser Lehre einmal einhergegangen und immer noch Sprossen treibt in den Hütten des Volkes, verwehrte sie ihren Bannerträgern und erweckte hingegen und ließ zu weltverfinsternder Macht gedeihen jenen furchterregenden Größenwahn, der noch den blutigsten Frevel am Leben für zulässig, ja geboten hält, wofern er nur menschlichen ›Nutzen‹ fördert. Der Kapitalismus samt seinem Wegbereiter, der Wissenschaft, ist in Wirklichkeit eine Erfüllung des Christentums, die Kirche gleich ihm nur ein Interessenverband, und das ›Monon‹ einer entgötterten Sittlichkeit meint ebendieselbe Eins des lebenverfeindeten Ichs, die im Namen der *alleinigen* Gottheit des *Geistes* der nicht auszuzählenden Götter*vielheit* der Welt den Krieg erklärte, nur aber heute mit einem erblindeten All-Gedanken verkuppelnd, was ehedem wenigstens wahrheitsgemäß mit drohender Richtergebärde dem All gegenübertrat.

»Alle jene Blüten sind gefallen
Von des Nordes schauerlichem Wehn.
Einen zu bereichern unter allen,
Mußte diese Götterwelt vergehn.«

Der eine aber, der sich bereichert wähnte, wenn er die Blüten in den Staub trat, ist, wie nun deutlich wurde, der Mensch als Träger des rechenverständigen Aneignungswillens, und die Götter, die er vom Baume des Lebens trennte, sind die immer sich wandelnden Seelen der Sinnenwelt, von der er sich losgerissen. Die Bilderfeindschaft, die das Mittelalter selbstgeißlerisch im Innern nährte, mußte nach außen treten, sobald sie ihr Ziel erreicht: den Zusammenhang aufzuheben zwischen dem Menschen und der Seele der Erde. In seinen blutigen Streichen gegen sämtliche Mitgeschöpfe vollendet er nur, was er zuvor sich selbst getan: das Verwobensein in die bildernde Vielgestalt und unerschöpfliche Fülle des Lebens hinzuopfern für das heimatlose Darüberstehen einer weltabscheidenden Geistigkeit. Er hat sich zerworfen mit dem Planeten, der ihn gebar und nährt, ja mit dem Werdekreislauf aller Gestirne, weil er besessen ist von einer vampirischen Macht, die in den ›Gesang der Sphären‹ als ein schneidender Mißton fuhr. An dieser Stelle aber wird es klar, daß in einem noch viel älteren Entwickluungsgange das Christentum nur eine Epoche bedeutet, durch die ein lange zuvor Begonnenes ruckartig seinen Abschluß und zumal für Europa die werbende Form empfing.

Die Kraft nämlich, die aus dem Menschen sich gegen die Welt aufbäumt, ist genau so alt wie die ›Weltgeschichte‹! Der ›Geschichte‹ genannte Entwicklungsgang, der aus der Kreisbahn des Geschehens hinausführt und fürder nicht zu vergleichen ist dem Schicksal sonstiger Lebewesen, beginnt in eben dem Augenblick, wo der Mensch den Zustand des ›Paradieses‹ verliert und unversehens mit entfremdeten Blicken in nüchterner Helle draußen steht, entrissen dem unbewußten Zusammenklange mit Pflanzen und Tieren, Wässern und Wolken, Felsen, Winden und Sternen. Die Sagen beinahe aller Völker der Welt lassen uns blutige Kämpfe schon in vorgeschichtlicher Zeit vermuten zwischen den eine neue Ordnung bringenden ›Sonnenhelden‹ und den chthonischen Schicksalsmächten, die in der Folge müssen hinuntertauchen in eine lichtverlassene Unterwelt. Hat doch ein Jesuit in wunderlicher, aber lehrreicher Verkehrung des Sachverhalts die Sage von den Taten des griechischen Herakles des vorwegnehmenden Diebstahls bezichtigt am Lebensgange des christlichen Erlösers! Dies aber ist überall der eine und selbe Sinn jener Neugestaltung, mit der die ›Geschichte‹ anfängt: daß über die Seele sich erhebe der Geist, über den Traum die begreifende Wachheit, über das Leben, welches wird und vergeht, ein auf Beharrung verichtetes Wirken. Im Jahrtausende vorher eingeleiteten Werdegang der Geistesentfaltung war das Christentum nur der letzte und entscheidende Schub, demzufolge die Entwicklung aus dem Zustand der noch ohnmächtigen Erkenntnis heraustretend – dem Zustande des ›gefesselten Prometheus‹, den Herakles frei machte! – nun auch den Willen durchdrang und in den mörderischen Taten, von denen seither die Geschichte der Völker ununterbrochen widerhallt, für jeden nicht völlig Verblendeten offenbarte: daß eine außerweltliche Macht in die Sphäre des Lebens einbrach.

Dafür die Augen zu öffnen, ist das einzige, was wir vermögen. Wir sollten endlich aufhören zu vermengen, was im Tiefsten gespalten ist: die Mächte des Lebens und der Seele mit denen des Verstandes und des Willens. Wir sollten einsehen, daß es zum Wesen des ›rationalen‹ Willens gehört, den ›Schleier der Maya‹ in Fetzen zu reißen, und daß eine Menschheit, die sich solchem Willen anheimgegeben, in blinder Wut die eigene Mutter, die Erde, verheeren muß, bis alles Leben und schließlich sie selbst dem Nichts überliefert ist.

Keine Lehre bringt uns zurück, was einmal verloren wurde. Zur Umkehr hülfe allein die *innere Lebenswende*, die zu bewirken nicht im Vermögen von Menschen liegt. Wir sagten oben, die alten Völker hätten kein Interesse gehabt, die Natur durch Versuche auszuspähen, sie in Maschinen hineinzuknechten und listig durch sich selbst zu besiegen; jetzt fügen wir hinzu, sie hätten es als ἀσέβεια, Verruchtheit, verabscheut. Wald und Quell, Fels und Grotte waren für sie ja heiligen Lebens voll; von den Gipfeln hoher Berge wehten die Schauer der Götter (darum, nicht aus Mangel an ›Naturgefühl‹ bestieg man sie nicht!), Gewitter und Hagelschlag griffen drohend oder verheißend in das Spiel der Schlachten ein. Wenn die Griechen einen Strom überbrückten, so baten sie den Flußgott für die Eigenmächtigkeit des Menschen um Verzeihung und spendeten Trankopfer; Baumfrevel wurde im alten Germanien blutig gesühnt. Fremd geworden den planetarischen Strömen, sieht der heutige Mensch in alledem nur kindlichen Aberglauben. Er vergißt, daß die deutenden Phantasmen verwehende Blüten waren am Baum eines Innenlebens, welches tieferes Wissen barg als all seine Wissenschaft: das Wissen von der weltschaffenden Webekraft allverbindender Liebe. Nur wenn sie in der Menschheit wiederwüchse, möchten vielleicht die Wunden vernarben, die ihr muttermörderisch der Geist geschlagen.

Kaum hundert Jahre sind es her, daß sie, wie aus heimlichen Brunnen der Tiefe in vielen Herzen wirklich aufs neue emporgequollen, die unvergeßlichen Träume jener jünglingshaften Weisen und Dichter trug, die man mißverstehend ›Romantiker‹ nennt. Ihre Hoffnungen trogen, der Sturm ist verrauscht, ihr Wissen verschüttet, die Flut verebbt und ›die Wüste wächst‹. Aber gleich ihnen bereit, an Wunder zu glauben, wollen wir es für möglich halten, daß ein kommendes Geschlecht doch noch verwirklicht sieht, wovon mit den Worten des Sehers die Geburtswehen Eichendorff in ›Ahnung und Gegenwart‹ also geschildert hat: »Mir scheint unsre Zeit dieser weiten, ungewissen Dämmerung zu gleichen! Licht und Schatten ringen noch ungeschieden in wunderbaren Massen gewaltig miteinander, dunkle Wolken ziehn verhängnisschwer dazwischen, ungewiß ob sie Tod oder Segen führen, die Welt liegt unten in weiter, dumpfstiller Erwartung. Kometen und wunderbare Himmelszeichen zeigen sich wieder, Gespenster wandeln wieder durch diese Nächte, fabelhafte Sirenen selber tauchen wie vor nahen Gewittern von neuem über den Meeresspiegel und singen, alles weist wie mit blutigem Finger warnend auf ein großes, unvermeidliches Unglück hin. Unsre Jugend erfreut kein sorglos leichtes Spiel, keine fröhliche Ruhe wie unsre Väter, uns hat frühe der Ernst des Lebens gefaßt. Im Kampfe sind wir geboren und im Kampfe werden wir, überwunden oder triumphierend, untergehn.

Denn aus dem Zauberrauche unsrer Bildung wird sich ein Kriegsgespenst gestalten, geharnischt, mit bleichem Totengesicht und blutigen Haaren; wessen Auge in der Einsamkeit geübt, der sieht schon jetzt in den wunderbaren Verschlingungen des Dampfes die Lineamente dazu aufringen und sich leise formieren. Verloren ist, wen die Zeit unvorbereitet und unbewaffnet trifft; und wie mancher, der weich und aufgelegt zu Lust und fröhlichem Dichten sich so gern mit der Welt vertrüge, wird wie Prinz Hamlet zu sich selber sagen: Weh, daß ich zur Welt, sie einzurichten, kam! Denn aus ihren Fugen wird sie noch einmal kommen, *ein unerhörter Kampf zwischen Altem und Neuem beginnen, die Leidenschaften, die jetzt verkappt schleichen, werden die Larven wegwerfen, und flammender Wahnsinn sich mit Brandfackeln in die Verwirrung stürzen, als wäre die Hölle losgelassen, Recht und Unrecht, beide Parteien, in blinder Wut einander verwechseln.*

Wunder werden zuletzt geschehen um der Gerechten willen, bis endlich die neue und doch ewig alte Sonne durch die Greuel bricht; die Donner rollen nur noch fernab an den Bergen, die weiße Taube kommt durch die blaue Luft geflogen, und die Erde hebt sich verweint wie eine befreite Schöne in neuer Glorie empor.«

»Mensch und Erde« – das vergessene Manifest der Ökologie

Von Jan Robert Weber

Herbst 1913. Auf dem Hohen Meißner bei Kassel kommt der alternative Teil der deutschen Jugendbewegung anlässlich des hundertjährigen Jubiläums der Völkerschlacht bei Leipzig zusammen. Rund 3000 Jugendliche und Studenten sind dem Aufruf verschiedener reformorientierter Bünde gefolgt, vom 11. bis 13. Oktober auf dem Meißner Bergrücken den »Ersten Freideutschen Jugendtag« zu begehen. Man feiert strikt abstinent, verzichtet also auf Alkohol und Nikotin. Mit großer Zustimmung werden die »Feuerreden« aufgenommen, »Freundesworte« werden verlesen. Noch im gleichen Jahr werden die Beiträge in einer Festschrift herausgebracht. Einer dieser Texte findet bald besondere, weil einhellige Zustimmung: Es ist der Beitrag »Mensch und Erde« von Ludwig Klages. Der 41-jährige Philosoph gewinnt mit seinem Wort Ohr, Herz und Kopf der Meißner Jugend. Innerhalb kurzer Zeit wird er als Sprachrohr wahrgenommen, als wortmächtiger und richtungsweisender Mahner eines dringend empfundenen Aufbruchs der abendländischen Zivilisation zu einem neuen, ganzheitlichen, naturbewussten Leben.

Die Zusammenkunft auf dem Hohen Meißner bedeutet nichts weniger als eine Kampfansage an den Wilhelminismus, an das bürgerliche Leben, an die Elterngeneration. Denn die Eltern der Jugendbewegten feiern 1913 ebenfalls 100 Jahre Völkerschlacht. Doch sie feiern zugleich auch das 25-jährige Thronjubiläum seiner Majestät des Kaisers mit Militärparade und offiziösen Festreden, mit Pflanzungen von »Kaisereichen« und lautem »Hurra«. Und mehr als das: Gemeinsam mit Kaiser Wilhelm II. kann das Bürgertum auf vier Jahrzehnte eines beispiellos rasanten Fortschritts zurückblicken, ist doch aus dem wirtschaftlich rückständigen, vormals spätabsolutistischen, zersplitterten Deutschland die zweitgrößte Industrienation des Kontinents geworden, eine imperiale Großmacht, der es überdies gelungen ist, die soziale Frage im Rahmen einer konstitutionellen Monarchie zwar nicht zu lösen, aber doch in entscheidender Weise zu entschärfen. Für die »Alten« ist das Jahr 1913 jedenfalls Anlass genug, optimistisch, d. h. auf den weiteren Fortschritt der Nation vertrauend, in die Zukunft zu schauen.

Binnen Jahresfrist jedoch – mit dem Ausbruch des Ersten Weltkriegs – sind Klages' Essay und das Treffen der Freideutschen Jugend bereits Geschichte. Nach vier harten Kriegsjahren, dem Zusammenbruch des Kaiserreichs und dem Versailler Frieden ist auch der bürgerliche Fortschrittsoptimismus verloren gegangen. Und Ludwig Klages emigriert, abgestoßen vom Krieg und seinen Folgen, in die Schweiz. Die durch den Weltkrieg gegangene Jugend findet indessen nach der Niederlage eine neue Identifikationsfigur im 1917 gefallenen Schriftsteller Walter Flex. Dessen Roman »Der Wanderer zwischen beiden Welten«, im Todesjahr des Autors veröffentlicht, weiß nichts mehr von der Mahnung zur pazifistisch-ökologischen Lebenswende, sondern stiftet einen wirkungsmächtigen Kriegstotenkult, dem die Natur nur noch als romantische Kulisse dient: Dort endet das junge Soldatenleben des Wandervogels Ernst Wurche im Heldengrab unter zwei Linden, behütet vom Rauschen der nahen Wälder und dem Gleißen eines fernen Sees.

***

Sommersemester 1933 an der Berliner Friedrich-Wilhelm-Universität. 20 Jahre sind seit dem Fest auf dem Hohen Meißner vergangen. Hunderte von Studenten drängen in einen Hörsaal der Philosophischen Fakultät, zu viele finden keinen Platz. Schnell wird die Veranstaltung ins Auditorium Maximum verlegt, das sich ebenfalls als zu klein herausstellt. Die Aula muss aufgeschlossen werden. Hier – vor überfüllten Rängen – kann Ludwig Klages endlich mit seiner Gastvorlesung »Grundzüge der Charakterkunde« beginnen. Seine Vorträge begeistern die in Scharen gekommenen Studenten. Unter ihnen ist auch der junge Emil M. Cioran, bei dem die Vorlesungen »nichtmitteilbare Freude auslösen«. Ihm erscheint Klages im Vergleich zur übrigen Professorenschaft der Berliner Universität als »der vollendetste Mensch«, ausgezeichnet »mit dem

Aussehen eines protestantischen Pastors und dem Temperament eines Kondottiere, überschäumend, explosiv, wortgewandt und prophetisch, geheimnisvoll und gelehrt zugleich«, kurz: als »ein Magier«, der die »Anschauung [...] eines modernen Propheten« in beeindruckender Weise vertrete. Dass Cioran keine vereinzelte Stimme gewesen ist, zeigt sich, als 200 Berliner Studenten wenig später den preußischen Kultusminister, den Nationalsozialisten Bernhard Rust, via Presse dazu auffordern, dem populären Lebensphilosophen eine ordentliche Professur an der Berliner Universität zu verleihen. Klages erhält daraufhin zwar eine zweite Gastdozentur für das Wintersemester 1933/34, die er mit der Vorlesung »Geist und Seele« bestreitet. Aber die von den Berliner Studenten geforderte Berufung auf einen Berliner Lehrstuhl bleibt aus.

Dass aus der Professur nichts wurde, lag nicht nur an NS-Kultusminister Rust, obwohl er der bildungspolitische Strippenzieher des Klages'schen Gastauftritts gewesen war. Wenige Monate nach der sogenannten Machtergreifung hatte er den Wahl-Schweizer zur Gastvorlesung geladen, um die Universität der Reichshauptstadt zum Schauplatz eines »philosophischen« Wettkampfs zu machen und für die völkische Ideologie öffentlichkeitswirksam zu instrumentalisieren. Rusts zweiter professoraler Matador war Parteigenosse Alfred Baeumler, dem gerade das Institut für Politische Pädagogik eingerichtet worden war. Der Streit zwischen Baeumler und Klages sollte, so Rusts Kalkül, den Nationalsozialismus als eine offene, spannungsgeladene Weltanschauung präsentieren, täuschte doch der innervölkische Agon eine akademische Diskursvielfalt vor, der von den gleichzeitig und nachfolgend durchgeführten Säuberungen im Zuge der hochschulpolitischen Gleichschaltung ablenkte.

Klages hatte sich also durch sein Berliner Engagement in die Zone ideologischer oder besser: parteipolitischer Grabenkämpfe zwischen NS-Politikern und ihren universitären Satrapen begeben. Angesichts der polykratischen Struktur des »Führerstaats« verwundert es da nicht, dass sich die philosophische Auseinandersetzung schließlich zu einem typischen Fall inner-nationalsozialistischer Kompetenzstreitigkeiten auswuchs. Zusammen mit dem in der Studentenschaft wenig beliebten Baeumler intrigierte Alfred Rosenberg gegen Klages, der wiederum in Reichsjugendführer Baldur von Schirach einen prominenten Fürsprecher fand. Die Fehde dauerte bis 1938, als Klages schlussendlich ämterpolitisch und innerparteilich den Kürzeren zog, nicht zuletzt deshalb, weil er an seiner »kosmischen« Lehre – trotz allen Übereinstimmungen in Fragen des Antisemitismus – als einer der nationalsozialistischen Ideologie vorangehenden und damit überlegenen »Philosophie« festhielt.

Die zwei Schlaglichter auf Ludwig Klages aus den Jahren 1913 und 1933 mögen beleuchten, warum sein Leben und Werk nahezu vergessen worden ist. Da ist zum einen die unbestreitbare Nähe vieler seiner Ideen zum Nationalsozialismus, zum anderen sein sperriger Charakter. Beides hat eine Nachwirkung nahezu ausgeschlossen. Tatsächlich war Ludwig Klages eine in teils dunklen, teils schrillen, selten nur hellen Farben schillernde Persönlichkeit: als Lebensphilosoph ein bedingungsloser Antisemit und Feind des Christentums, ein Gegner des Fortschritts im liberalen wie sozialistischen Sinne, zugleich Begründer der Charakterologie und Graphologie, vor allem aber ein Ökologe avant la lettre, ein Vorläufer modernen Umweltbewusstseins. In allem eigenwillig, nicht selten borniert und aggressiv, mit Hang zum Skurrilen und Abseitigen, zugleich begabt mit kühnem Verstand und einer scharfen, wortmächtigen Sprache. Ein selbstgewählter Außenseiter, der sich zum warnenden Künder und mahnenden Lehrer einer Wende des Abendlandes berufen sah, ein knurriger Nonkonformist, der sich gleichwohl immer zu kurz gekommen, verkannt und verraten wähnte. Ein kulturpessimistischer Intellektueller schließlich, der in Deutschland über mehrere Generationen hinweg als Sprecher der Jugend galt und nicht nur dank dieses Rufs in der ersten Hälfte des 20. Jahrhunderts zu den populärsten deutschen Philosophen zählte.

***

Der Werdegang seiner intellektuellen Existenz ist denn auch kurios genug. Geboren am 10. Dezember 1872 in Hannover, wächst Klages dort als Sohn eines ehemaligen Unteroffiziers der Hannoverschen Armee und späteren Handelsvertreters für Damenbekleidung auf. Die Mutter stirbt in seinem zehnten Lebensjahr. Seine Tante Ida, des Vaters Schwägerin, tritt als Erzieherin und Haushälterin an ihre Stelle. Vom Vater streng und wohl nicht selten handgreiflich erzogen, entwickelt er sich einerseits zum folgsamen Musterknaben. Andererseits erschafft der Jugendliche bald eine dichterische Gegenwelt in Dramen, Gedichten und Versepen, die träumerisch-visionär die Begegnung von Ich und Natur thematisieren. Im Rückblick hat Klages das Jugendwerk der Jahre 1886 bis 1893 zu »Seelenausfahrten« seiner »mystischen Periode« erklärt. Sein Interpret Stefan Breuer freilich bezeichnet die juvenilen Schwelgereien in Untergangsszenarien und Depersonalisierungsphantasien als Dokumente eines pathologischen Narzissmus, den Klages am Ende seiner Adoleszenz mehr verdrängte als bewältigte.

Klages teilte 1895 seinem Jugendfreund Theodor Lessing mit, er habe die Absicht aufgegeben, als Dichter hervorzutreten, um sich ganz der Prosa zuzuwenden. Nach dem Abitur 1891 hatte Klages auf Anraten des Vaters das Studium der Chemie begonnen, das er über die Stationen Leipzig und Hannover in München 1901 mit der Promotion abschloss. Doch schon 1896 gründete er mit Hans Busse die »Deutsche Graphologische Gesellschaft«, deren »Graphologische Monatshefte« er bis 1908 herausgab. Fünf Jahre zuvor bezeugt die Eröffnung des »Psychodiagnostischen Seminars«, das er 1919 als »Seminar für Ausdruckskunde« in Zürich fortführte, seine weit verzweigten Interessen. Nach seiner Übersiedlung in die Schweiz 1915 begann Klages an seinem Hauptwerk »Der Geist als Widersacher der Seele« zu arbeiten, das er zwischen 1929 und 1932 in drei umfänglichen Bänden veröffentlichte. Neben zahlreichen Schriften über »Ausdruckslehre«, »Charakterkunde« und »Graphologie« entstanden weitere Arbeiten, wie beispielsweise »Vom kosmogonischen Eros« (1922), »Die psychologischen Errungenschaften Nietzsches« (1926) oder »Goethe als Seelenforscher« (1932). Die intensive publizistische Tätigkeit hatte einen pragmatischen Grund: Klages lebte, seit er seine Ersparnisse während der Nachkriegsinflation verloren hatte, fast ausschließlich von den Honoraren und Tantiemen seiner Bücher, Vorträge und grafologischen Gutachten. Spät kam der von Schlaflosigkeit lebenslang geplagte und infolgedessen tabletten- und alkoholabhängige Privatgelehrte zu akademischen Ehrungen: Nachdem Klages 1923 Nietzsche-Preisträger geworden war, verlieh ihm Reichspräsident Hindenburg 1932 die Goethe-Medaille, 1933 avancierte er zum Senator der gleichgeschalteten Deutschen Akademie in München, als der er dann 1935/36 zu Vortragsreisen nach Holland, Dänemark, Norwegen, Schweden, Finnland und ins Baltikum aufbrach. Nach dem Zweiten Weltkrieg soll ihm, laut »Lexikon des Konservatismus«, das Bundesverdienstkreuz verliehen worden sein. 1956 starb Ludwig Klages in seiner Schweizer Wahlheimat in Kilchberg am Zürichsee.

Die durch seinen Jugendfreund Theodor Lessing verbürgte frühe Absage ans Literarische erscheint angesichts seines akademischen Lebenslaufs wie selbstverständlich, ist aber vor dem Hintergrund seiner Münchner Jahre um die Jahrhundertwende nichts weniger als erstaunlich. Hatte er sich schon zuvor die Ideen der Lebensreformer zu Eigen gemacht, so intensivierte er mit dem Umzug nach München ab 1893 seine Beschäftigung mit Philosophie, Psychologie und Literatur. Nicht die Naturwissenschaften, in denen er als Student reüssierte, sondern die kultur- und geisteswissenschaftlichen Fächer, wie man heute sagen würde, faszinierten ihn. Allerdings waren es nicht die Seminare der Universität, die Klages bei seinen autodidaktischen, im wahren Sinne des Wortes dilettantischen Bemühungen um Kunst und Literatur aufsuchte, sondern die Salons der Münchner Kulturszene. Friedrich Nietzsche, Johann Jakob Bachofen und der Romantiker Carl Gustav Carus wurden zu Klages Leitsternen auf dem Weg in die »Kosmische Runde« der Schwabinger Boheme, den die Begegnung mit dem Dichter Stefan George begleitete und zeitweise anschob.

1893 – also 20 Jahre vor dem Beitrag zur Meißner Feier sowie 40 Jahre vor seiner Berliner Gastvorlesung – lernten Klages und George einander kennen, als sie als Studenten der Maximilians-Universität zufällig in der gleichen Pension abstiegen. Die Begegnung führte nicht nur dazu, dass Klages fortan bis 1904 regelmäßig Beiträge für Georges »Blätter für die Kunst« lieferte, sondern dass er auch tief in die Münchner Boheme eintauchte. Bald galt er, der in den dortigen Salons zwischen Georgianern und der Gräfin Reventlow seine Bühne fand und als scharfzüngiger Rhetor meist zusammen mit dem »Mysterienforscher« Alfred Schuler auftrat, als »brillanteste[r] Kopf der Schwabinger Szene«. Anders gewendet: Schwabing war die Dunkelkammer seiner auf den Gegensatz von »Geist« und »Seele« aufgebauten biozentrischen Lebensphilosophie.

Klages' Wirken in der Münchner Boheme ist schon häufig geschildert worden. Da ist das bis zum »Schwabinger Krach« 1904 bestehende, spannungsreiche Verhältnis zu George und seinem Kreis, insbesondere die persönliche Rivalität mit dem Dichter Karl Wolfskehl, mithin die erotische Beziehung zu Franziska von Reventlow, mit der er über mehrere Jahre eine Affäre jenseits der »Fleischeslust« führte, und natürlich die intellektuelle Symbiose mit Alfred Schuler, dessen irrlichternde Ideen von befreiender »Blutleuchte« und heilbringenden »Sonnenkindern«, spätantiken Riten und archaischer Erweckungsmystik er sich aneignete und, wo es zu passen schien, in seine »kosmische« Lehre aufnahm. Wenn Schuler beispielsweise auf den Kostümfesten des Schwabinger Karnevals mit heiligem Ernst als schwarz gewandete Urmutter auftrat, in okkulten Sitzungen mit magischen Ritualen in der Wohnung seiner greisen Mutter die neronische Kaiserzeit beschwor oder ernstlich den Plan verfolgte, den erkrankten Nietzsche mit einem Korybanten-Tanz von Jünglingen in der Maskerade spartanischer Kureten aus seiner Umnachtung zu befreien (was übrigens im Ansatz daran scheiterte, dass authentische Bronzeschilde nicht mehr aufzutreiben waren), hielt sich Klages als kommentierender oder weissagender Zuschauer zurück. Er verstand sich als »Denker« und »Prophet« – und suchte die theatralischen Aufführungen seines Mitstreiters wortgewaltig zu begründen. Tatsächlich verschärfte Klages die Zivilisationskritik Nietzsches und verwob Bachofens Mutterrecht, lebensphilosophische Axiome, romantische Naturvorstellungen, neuheidnische Mystik und nicht zuletzt die frühen Ansätze der Psychologie zu einem »synkretistischen Konglomerat« kulturpessimistischer Zivilisationskritik. Was dabei schlussendlich herauskam, war die radikale Aufkündigung der abendländischen Geschichte im Gewande aggressiver Lebensmetaphysik.

Für Klages befand sich die Menschheit vor ihrem schier unaufhaltsamen apokalyptischen Finale, dem ein über zweitausendjähriger Abstieg vorangegangen war. Die Geschichte schlechthin erschien ihm als Verschwörung der Mächte des »Geistes« gegen die der »Seele«; dem Untergang nahe, könne die Welt nur durch die Befreiung der »Seele« aus den Fesseln des »Geistes« gerettet werden. Vulgo: Nahezu alles, was nach den Vorsokratikern und den archaischen Hellenen kam, sei es die platonisch-aristotelische Philosophie, das Judentum oder in dessen Gefolgschaft das Christentum, rechnete Klages zu den verderblichen Mächten des »Geistes«. Ebenso wurde er nicht müde, die Philosophie der Aufklärung seit Descartes und Kant, die neuzeitliche Wissenschaft und Technik sowie schließlich den »Fortschritt« mit Kapitalismus und Sozialismus als die Verderbnis beschleunigenden Ideologien der Gegenwart zu brandmarken. Das im späteren Hauptwerk erschöpfend Ausgebreitete begann Klages bereits in München aus dem Geist-Seele-Dualismus zu entwickeln: Was von vielen seiner Zeitgenossen um 1900 als Entfremdung des Menschen in und durch die Moderne definiert wurde, führte Klages apodiktisch auf eine mehr als zweitausend Jahre alte Entzweiung der angeblich urtümlichen Einheit von »Seele«, »Leib« und »Leben« durch den zersetzenden »Geist« und dessen Fortschrittsdenken zurück, den er somit für alle vermeintlichen oder tatsächlichen Aporien der Moderne verantwortlich machte. Es ging darum, die chthonischen Mächte, die elementaren »Bilder« einer ahnungsvoll »geschauten« Urzeit, gegen die moderne Zivilisation wieder in ihr angebliches Recht zu setzen. Diffus musste freilich bleiben, wie die ursprüngliche Seele-Leib-Einheit praktisch wieder herzustellen sei. Politisch lief die »kosmische« Lehre in ihrer All-Feindschaft gegen Judentum, Christentum und Aufklärung allerdings nolens volens auf einen unversöhnlichen Antisemitismus hinaus. Während sich gleichzeitig in Wien (wenn auch weitaus handfester und politischer) rassenantisemitische Ideologeme zu verbreiten begannen, entstand – überspitzt formuliert – im Boudoir der »kosmischen Runde« zu München eine Art korybantisches Vorspiel, eine ouvertürenhafte Travestie des späteren NS-Antisemitismus.

Dass die »kosmische« Weltanschauung nicht nur buntschillernde Blüten trieb, sondern auch schon 1904 im Wechselspiel mit den Intrigen und gesellschaftlichen Ränken der Boheme ganz reale Wirkungen zeitigte, zeigen die Ereignisse um den legendären Schwabinger Krach, die das Ende der »Kosmiker« bedeuteten. Nachdem Klages' und Schulers eigenwillige Vorstellungen von Sexus und Eros anfangs die Schwabinger »Erotomanie« jener Jahre vorangetrieben hatten, sprengten sie schließlich das bizarre wie fragile Gefüge der Künstlerszene. Während für den homosexuellen Schuler mit den Überresten der griechischen Archaik und des römischen Altertums das vermeintlich prähistorische Ideal einer herrschaftsfreien, übrigens hermaphroditischen Sexualität jenseits des angeblich unheilvollen Patriarchats zu beschwören (und im Herumstreunen vor den Münchner Kasernen auszuleben) war, stilisierte Klages seine »ferne« Geliebte – Gräfin Reventlow lebte als allein erziehende Mutter polygam – zu einer aphroditischen Hetäre und »heidnischen Madonna«. Dieses vermeintliche Urbild von der Wiederkehr des vorgeschichtlichen Weibes zerschellte bald an der Wirklichkeit des libertären Boheme-Lebens. In dem Moment nämlich, als Klages von der weniger »aphroditischen«, als vielmehr »dionysischen« Affäre der Reventlow mit dem Georgianer, Zionisten und »kosmischen« Mitstreiter Karl Wolfskehl erfuhr. Von Eifersucht gepackt, startete Klages einen antisemitischen Frontalangriff auf den jüdischen Rivalen (der sich überdies anschickte, die Schuler'schen Ideen von der »Blutleuchte« für seine zionistischen Aktivitäten fruchtbar zu machen), indem er George aufforderte, Wolfskehl und andere jüdische Mitglieder aus dem Kreis zu verbannen, damit aus dem Reich der Dichtung herauszutreten und zur »Tat« zu schreiten. Stefan George hielt zu Wolfskehl, wohlwissend um die mit der Bann-Forderung stillschweigend verbundene Subordination seiner selbst unter Klages, und präsentierte gleichzeitig der Schwabinger Szene mit dem Maximin-Mythos jenes »Sonnenkind«, das die Versöhnung von Geist und Seele in der Schönheit des Jünglings verkörpern sollte. Der Schwabinger Krach endete dennoch im Bruch der »Kosmischen Runde«: Klages und George gingen von nun an getrennte Wege.

***

Dass Klages' Lebensphilosophie heute nahezu vergessen ist, bedarf keiner Klage und keiner Korrektur. Die Gründe dafür liegen auf der Hand. Georg Lukacs brandmarkte sie als philosophische Wegbereitung Hitlers, in der Nachfolge Walter Benjamins ist sie als Urform der »Ästhetisierung der Politik«, also als genuin faschistische Philosophie, wahrgenommen worden und heute wird sie als aggressive Spielart des »ästhetischen Fundamentalismus« (Breuer) gekennzeichnet. Offenkundig ist der »unverantwortliche Geist«, den Thomas Mann in seinem an den Münchner Zenakeln der Vorkriegszeit orientierten »Kridwiß-Kreis« des »Doktor Faustus«-Romans als willentlich-irrationale Aufkündigung des bürgerlichen Humanismus beschrieben hat. Treffsicher ist auch die Klages-Karikatur in der Figur des Professor Meingast aus Robert Musils fragmentarischem Roman »Der Mann ohne Eigenschaften« gezeichnet, die empfiehlt, nur »systematisch verübte Grausamkeit« könne helfen, dass die »vom Humanitarismus verblödeten europäischen Völker [...] ihre Kraft« wiederfänden. Eindeutig ist schließlich der Befund der bis zum Lebensende wirksamen Gebundenheit von Werk und Autor an die vorherrschenden Tendenzen der Jahrhundertwende. Das Außergewöhnliche besteht letztendlich in der angestrengten Überspitzung und aggressiven Radikalisierung epochaltypischer Ideen. Kaum eines der kennzeichnenden Motive des Fin de Siècle fehlt in Klages' Wirken und Schaffen: Schopenhauerscher Pessimismus und Nietzscheanische Antike, lebensphilosophischer Vitalismus und kollektivistische Untergangsphantasien, dazu die mit prophetischem Gestus geführte Existenz des antibürgerlichen Privatgelehrten, der als unbewusst »vatermordender« Bürgersohn in jeweils zeitweiligem Schulterschluss mit Künstlern, Wissenschaftlern, Bohemiens, Lebensreformern und Jugendbewegten (sowie später mit den Nationalsozialisten) die unversöhnlichste aller Anklagen gegen die europäische Zivilisation zu führen wusste, indem er den abendländischen »Geist« für den vermeintlich unabwendbaren Untergang der Menschheit verantwortlich machte.

***

Lassen wir also den Autor mit Foucault gestorben sein und sein philosophisches Hauptwerk in den Hinterzimmern der Antiquariate stehen – und wenden uns jenem Text, jener kleinen Schrift zu, die den Titel »Mensch und Erde« trägt. Der Essay verdient unsere Aufmerksamkeit, weil er in frappierender Weise nichts weniger als das erste ökologische Manifest in deutscher Sprache darstellt.

Nicht ohne Grund ist »Mensch und Erde« immer wieder einmal, in regelmäßigen, längeren Abständen publiziert und rezipiert worden, und zwar auch jenseits des kleinen Kreises der Klages-Gesellschaft, die sich um die Herausgabe der sämtlichen Werke gekümmert hat und sich ansonsten um die Erinnerung an die Klages'sche Lebensphilosophie u. a. mit der Zeitschrift »Hestia« bemüht. Bereits im Todesjahr des Philosophen erschien eine Taschenbuchausgabe Kröners unter dem Titel »Mensch und Erde«, worin der Aufsatz die »Gesammelten Abhandlungen« programmatisch eröffnet. 1980 war es dann eine kleine Broschüre des Bouvier-Verlags, die »Mensch und Erde« exklusiv publizierte und ein »Geleitwort« des berühmten Tierfilmers Bernhard Grzimek voranstellte. Noch 2003 hat Jürgen Falter in seiner Monographie »Lebensphilosophie als Zivilisationskritik« Ludwig Klages als »Vordenker der Ökologie-Bewegung« bezeichnet, nicht ohne darauf hinzuweisen, dass »Mensch und Erde« bis heute die »meistgelesene und wirksamste Schrift« von Klages sei. In ähnlicher Weise hat Heinz-Siegfried Strelow in Klages einen »grünen Vordenker« gesehen. Dieses Stichwort ist dann jüngst von Joachim Radkau in seiner monumentalen »Weltgeschichte« der »Ära der Ökologie« insofern aufgenommen worden, als er die Botschaft vom Hohen Meißner als das »wohl berühmteste und glühendste Bekenntnis zur Naturliebe« des »Umweltaktivismus im ›nervösen‹ Zeitalter« bezeichnet hat.

Auch wenn die Naturliebe bei dem Privatgelehrten kaum als eine unmittelbare anzunehmen sein dürfte, verbürgt ist jedenfalls das Wort, das Klages wenige Tage vor Ausbruch des Ersten Weltkrieges in einem Brief an Erwin Ackerknecht richtete: Der »Naturschutz« sei seine »letzte Leidenschaft«. Diese Leidenschaft bricht aus dem Essay deutlich hervor. Und doch ist unverkennbar, dass die Schrift aus der Feder eines geübten und bewährten Rhetorikers stammt.

Das Bekenntnishafte von »Mensch und Erde« wird nicht zuletzt durch eine Vielzahl rhetorischer Mittel erzeugt. Akkumulation und Personifikation, allegorische, metaphorische wie symbolische Sprachbilder, Hyperbel und Klimax, syndetische und asyndetische Reihung, Periphrase und nicht zuletzt die rhetorische Frage verleihen der Abhandlung ihren einprägsamen Gehalt sowie ihren Bedeutungsüberschuss über das sachliche Thema des Naturschutzes hinaus. Und doch hat Klages diesen, wenn man so will, lyrischen Ton mit Anleihen bei der Reportage bzw. beim wissenschaftlichen Schreiben ausbalanciert. Eine erkleckliche Anzahl von Zitaten aus wissenschaftlichen Werken, Fachzeitschriften und Zeitungen belegt die wortmächtigen Behauptungen, sucht die Thesen der Argumentation zu beweisen und plausibel zu machen. Dass Klages ein Lehrer gegen das »Geistige« und für das »Seelische« blieb, ist nicht zuletzt aus dem Umstand erkennbar, dass zu Beginn des Aufsatzes Statistiken und Fakten herangezogen werden, um den Ist-Zustand der Zivilisation in Sachen Natur darzulegen, ehe mit Zitaten aus der Bibel, aus den Werken Arnims, Lenaus, Nietzsches und zuletzt – über eine Seite lang (!) – Eichendorffs die Herleitung der tieferen Ursachen der Umweltzerstörung gestützt wird. Der Essay ruht auf einer zweigeteilten Argumentationsstruktur. Zunächst wird der gegenwärtige Zustand phänomenologisch beschrieben, darauf folgt dann eine Erörterung der »tieferen« Ursachen. Es hängt mit seinem bereits erwähnten dualistischen Weltbild zusammen, dass Klages in ebenso typischer wie fragwürdiger Weise auf das Christentum als Ursache der beklagten Entfremdung des Menschen von der Erde kommt. Und doch fällt die Polemik in diesem Aufsatz weniger scharf als üblich aus. Dass sich Klages bei seiner Kritik am abendländischen »Geist« offensichtlich zurückhielt, mag den Adressaten des Essays geschuldet sein. Immerhin hatte der Heimatschutzbund im Vorfeld der Publikation darauf gedrungen, die antichristlichen Passagen zu streichen oder zumindest zu entschärfen. Die Rücksichtnahme auf die Teilnehmer und Veranstalter des Hohen-Meißner-Treffens hatte wohl auch zur Folge, dass die Argumentation in bemerkenswerter Weise insofern eher »anthropozentrisch« als »biozentrisch« vorgeht, als sie von der Natur zur Kultur, von der Pflanzen- und Tierwelt auf den Menschen zu sprechen kommt und so von den äußeren Umweltschäden zu den »inneren« Entfremdungszuständen in der modernen Zivilisation vordringt.

Aber was macht »Mensch und Erde« zu einem Manifest heutiger Ökologie? Mühelos könnte die Zeitgebundenheit des Essays nachgewiesen werden: Klages Quellen aus der Natur- und Heimatschutzbewegung sind mit Händen zu greifen; die Parallelen zu den zahlreich um die Jahrhundertwende gegründeten Wald-, Wasser-, Luft-, Tier- und etwa auch Vogelschutzvereinigungen, die gegen das populäre Wildern der Zugvögel vor allem in Italien protestierten, sind offensichtlich; deutlich ist die Nähe zu den entstehenden Institutionen der Naturdenkmal- und Landschaftspflege bis hin zu den ersten Gründungen von Naturreservaten; nicht zuletzt lassen sich die lebensreformerischen Modelle einer gesunden, natürlichen Alltagskultur ohne Alkohol und Nikotin, die sich im Wandern und Leben in der »freien« Natur jenseits der urbanisierten Zivilisation zu verwirklichen suchen, in Klages' Text wiederfinden.

Deutschland war um 1900 ein hochindustrialisiertes Land mit einer Vielzahl urbaner Zentren und industrieller Reviere, auf die nicht Wenige mit der Losung »Zurück zur Natur« reagierten. Freilich war der leitende Gedanke ein im Wortsinne konservativer: Man wollte die Natur vor der Industrie bewahren. Beispielhaft mag die Idee der Konservierung althergebrachter Zustände aus einem Mitteilungsblatt des »Deutschen Bundes Heimatschutz« von 1904 sprechen. Darin heißt es: »Immer mehr verwüstet im Zeitalter der Maschine die Herrschsucht der Industrie alles, was dem Einzelnen seit den Tagen der Kindheit traut und heimisch [...] war.« So dürfe es nicht weitergehen, heißt es dort, um dann fortzufahren:

> »Die kleinen, freundlichen Städte, in denen überall eine harmlose und künstlerische Freude am Besitz nistete, sind entstellt, die Dörfer zu wüsten Steinhaufen geworden, die Berge an den schönsten Stellen durch Steinbrüche angetastet, der deutsche Laubwald durch den Forstbetrieb seiner traulichen Waldschönheit beraubt. Und wenn wir auch noch so stolz auf die Errungenschaften unserer Gegenwart sein dürfen, so wollen wir doch nicht aus dem Auge verlieren, dass wir dabei Besitztümer aufgeben, die für eine harmonische Menschheitsentwicklung unentbehrlich sind. Auf der einen Seite gewinnen wir dem Leben neue Wohltaten ab, verlängern das Leben selbst, erwerben Reichtümer und arbeiten mit steigernder Anspannung aller Kräfte, auf der anderen Seite aber verliert das Leben an seinem Inhalt und der Mensch wird zur reinen Arbeitsmaschine.«

Die romantisch wehmütige Trauer über den Verlust vormoderner Lebens- und Alltagskultur ist ebenso exemplarisch wie überdeutlich aus dieser Bestandsaufnahme herauszuhören. Mehr noch belegt sie den Bewusstseinswandel, der zwischen 1800 und 1900 in Deutschland stattgefunden hatte, dass nämlich aus der jahrhundertelangen Bedrohung durch die Natur die bedrohte Natur geworden war. Was aber hatte Klages den Naturbewegten der Jahrhundertwende Neues und Zukunftsweisendes in Sachen Ökologie mitzuteilen?

Da ist als erstes die harte Absage an alle neuromantischen Reflexe, noch vor einem Menschenalter sei alles in bester natürlicher Ordnung gewesen. Als zweites ist da die für Klages typische Entschiedenheit, Konsequenz und Radikalität, die Folgen moderner Umweltzerstörung unmissverständlich zu benennen: Der »Fortschritt« endet bei ihm in einer »Verwüstungsorgie« (8), bewirke schlechthin die »Vernichtung des Lebens« (12) und stelle in letzter Hinsicht eine »Selbstzersetzung des Menschentums« (12) dar. Die Moderne gründe auf einer fundamentalen »Selbsttäuschung« (1) der Machbarkeit von Welt.

Diese radikale Zivilisationskritik macht Klages unzweifelhaft als einen Öko-Apokalyptiker avant la lettre kenntlich, der die Ambiguität der Moderne – und damit auch ihre umweltpolitischen Chancen – bewusst negiert. Von einer »Ökologie des Ökologismus«, von einer pragmatischen Prioritätensetzung im Sinne politisch wirksamen Handelns will Klages nichts wissen. Und dennoch ist der apokalyptische Ton des »Öko-Propheten« im Hinblick auf die eigentliche Ökologie-Bewegung der zweiten Jahrhunderthälfte zukunftsweisend zu nennen. Denn es sind die charismatischen Verkündungen bevorstehender Umweltkatastrophen gewesen, die der Ökologie um 1970 Massenwirksamkeit versprachen und bis heute versprechen: Vom »Atomtod« über das »Waldsterben« bis hin zur »Klimakatastrophe« ist der Umweltpolitik seither mit Weltuntergangsszenarien medien- und öffentlichkeitswirksam Nachdruck verliehen worden. Dass die prophetische Umwelt-Apokalypse immer eine sowohl spirituelle bzw. esoterische als auch kulturpessimistische Tendenz besitzt, lässt sich an Klages' »Mensch und Erde« leicht erkennen, schließt doch der Essay mit Eichendorffs Vision eines bevorstehenden kathartischen Weltendes, dem in adventistischer Manier die Hoffnung auf eine Weltenwende beigegeben ist. Nur vor diesem Hintergrund vermag Klages – wenig tröstlich – angesichts des vorherrschenden Fortschrittsdenkens die »innere Lebenswende« (22), also einen Mentalitätswandel, anzumahnen.

Noch zukunftsweisender ist jedoch ein dritter Aspekt von »Mensch und Erde«, welcher der Schrift seinen eigentlichen »manifesten« Charakter verleiht. Es handelt sich um die grundlegende Einsicht, dass die Welt ein Ganzes darstellt und damit auch jeder Umweltschaden nicht nur eine bestimmte ökologische Nische, Tierart oder Region betrifft, sondern in letzter Konsequenz immer »die« Welt und damit auch

»den« Menschen. Natur und Mensch seien wechselseitig aufeinander angewiesen, weiß Klages, der freilich Ökologie nicht begrifflich-wissenschaftlich fasst, sondern in dem sprechenden biblischen Bild der »Arche« (9). Damit einher geht die Einsicht in die Natur als einem selbstregulierenden, zur »Wiedererneuerung« stets fähigen Kosmos, der den menschlichen Bemühungen einer zweiten Natur kraft wissenschaftlicher Technik überlegen bleibe. Der bis heute gut bekannte Topos von der sich am homo faber rächenden Natur wird bei Klages in aller Deutlichkeit sichtbar.

Aus diesem im Wortsinn ökologischen Grundverständnis vermag Klages denn auch eine wahrhaft globale Perspektive der Umweltzerstörung zu entwickeln, welche die ökologische Frage zu einer genuin welthistorischen macht. Kein Umweltproblem der Zeit bleibt ungenannt und ein jedes wird in seiner weltweiten Tragweite veranschaulicht. Wenn man bei einer Verortung der Klages'schen Schrift im historischen Kontext des langen 19. Jahrhunderts bleiben will, so ließe sich behaupten, dass »Mensch und Erde« nach der lange vorherrschenden sozialen Frage nun die ökologische Frage erstmals in einer vollständigen These an das sich alsbald gewaltsam öffnende Tor des 20. Jahrhunderts anschlägt. Daraus erklären sich die anti-imperialistischen, anti-(sozial)darwinistischen Tendenzen des Essays. So erhellt sich auch, dass Klages das Umweltproblem als ein überzeitliches herausstellt.

Sieht man einmal von der angesprochenen Polemik gegen das Christentum als »letzter« Ursache der

Umweltzerstörung ab, so fällt als vierter manifester Aspekt der Schrift die Kritik am Fortschritt im Sinne einer »Dialektik der Aufklärung« auf. Mit dem Willen zur Machbarkeit, dem ubiquitären Nützlichkeitsdenken und dem nur partiellen Weltverständnis des Technokraten macht Klages die tief in der westlichen Zivilisation verwurzelte, für ganzheitliche Probleme nicht selten blinde instrumentelle Vernunft als Ursache der ökologischen Misere kenntlich – und verweist damit auf das bis zum heutigen Tag grundlegende Dilemma der Umweltpolitik in einer sozial differenzierten, offenen Industriegesellschaft, den natürlichen Oikos als übergeordneten Maßstab politischen Handelns anzulegen.

Es spricht viel dafür, den Essay »Mensch und Erde« 100 Jahre nach seiner ersten Veröffentlichung als Manifest der Ökologie zu entdecken. Um mit Nietzsche zu sprechen: Könnte »Mensch und Erde« heute nicht eher von Nutzen als von Nachteil für ein ökologisches Leben sein? Freilich hieße das, den Essay nicht »monumentalisch« zu behandeln, also nicht zu verherrlichen, sondern »kritisch« als Gründungsdokument der grünen Bewegung zu kanonisieren. Ansonsten wird wohl die Ökologie-Bewegung, die bis heute von einer verblüffenden Vergessenheit ihrer eigenen Vergangenheit gekennzeichnet ist, sich weiterhin eine Geschichte geben, aus der sie stammen möchte, und infolgedessen nicht wissen, wer tatsächlich einer ihrer geistigen Väter ist.

Emil M. Cioran: Über Deutschland. Aufsätze aus den Jahren 1931–1937. Herausgegeben, aus dem Rumänischen übersetzt und mit einer Nachbemerkung versehen von Ferdinand Leopold. Berlin: Suhrkamp, 2011.

Ludwig Klages: Mensch und Erde. Gesammelte Abhandlungen. Stuttgart: Kröner, 1956.

Ludwig Klages: Mensch und Erde. Ein Denkanstoß. Mit einem Vorwort von Professor Gerhard Grzimek. Bonn: Bouvier, 1980.

Thomas Mann: Doktor Faustus. Das Leben des deutschen Tonsetzers Adrian Leverkühn, erzählt von einem Freunde. Frankfurt a. M.: Fischer, 2005[35].

Friedrich Nietzsche: Die Geburt der Tragödie. Unzeitgemäße Betrachtungen I–IV. 1870–1873. KSA 1. Hrsg. v. Giorgio Colli und Mazzino Montinari. München: dtv, 1999.

Robert Musil: Der Mann ohne Eigenschaften. Roman. Hamburg: Rowohlt, 1968[9].

***

Sigrid Bias-Engels: Zwischen Wandervogel und Wissenschaft. Zur Geschichte der Jugendbewegung und Studentenschaft (1896–1920). Köln: Wissenschaft und Politik, 1988.

Stefan Breuer: Ästhetischer Fundamentalismus. Stefan George und der deutsche Antimodernismus. Darmstadt: Wissenschaftliche Buchgesellschaft, 1995.

Castrum Peregrini CXI-CXII-CXIII: Stefan George. Dokumente seiner Wirkung. Aus dem Friedrich Gundolf Archiv der Universität London. Hrsg. v. Lothar Helbing, Claus Victor Bock mit Karlhans Kluncker. Amsterdam: CP-Presse, 1974.

Jürgen Falter: Ludwig Klages. Lebensphilosophie als Zivilisationskritik. München: Telesma, 2003.

Michael Großheim: Zur Aktualität der Lebensphilosophie. In: Michael Großheim (Hrsg.): Perspektiven der Lebensphilosophie. Zum 125. Geburtstag von Ludwig Klages. Bonn: Bouvier, 1999, S. 9–20.

Heimat. Analysen, Themen, Perspektiven. Bd.1. Hrsg. von der Bundeszentrale für politische Bildung. Bonn 1990 (= Diskussionsbeiträge zur politischen Didaktik, Bd. 294/I.)

Thomas Karlauf: Stefan George. Die Entdeckung des Charisma. Biographie. München: Blessing, 2007.

Winfried Mogge, Jürgen Reulecke: Hoher Meißner 1913. Der Erste Freideutsche Jugendtag in Dokumenten, Deutungen und Bildern. Köln: Wissenschaft und Politik, 1988.

Peter Morris-Keitel: Literatur der deutschen Jugendbewegung. Bürgerliche Ökologiekonzepte zwischen 1900 und 1918. Frankfurt a. M., Berlin, Bern u. a.: Lang, 1994.

Walter Schmitz, Uwe Schneider: Völkische Semantik bei den Münchner ›Kosmikern‹ und im George-Kreis. In: Handbuch zur »Völkischen Bewegung« (1871–1918). Hrsg. v. Uwe Punschner, Walter Schmitz, Justus H. Ulbricht. München: K. G. Saur, 1999, S. 711–746.

Tobias Schneider: Ideologische Grabenkämpfe. Der Philosoph Ludwig Klages und der Nationalsozialismus (1933–1938). In: Vierteljahrshefte für Zeitgeschichte 49 (2. Heft), 2001, S. 275–294.

Hans Eggert Schröder: Einführung in das Werk von Ludwig Klages. In: Ludwig Klages: Mensch und Erde. Gesammelte Abhandlungen. Stuttgart: Kröner, 1956, S. 196–211.

Heinz-Siegfried Strelow: Ein »grüner« Vordenker. In: Hestia. Jahrbuch der Klages-Gesellschaft 1994/95, S. 46–70.

Heinz-Siegfried Strelow: Ludwig Klages. In: Lexikon des Konservatismus. Hrsg. v. Caspar von Schrenck-Notzing. Graz, Stuttgart: Stocker, 1996, S. 309–312.

Michael Plauen: Wahlverwandtschaft wider Willen? Rezeptionsgeschichte und Modernität von Ludwig Klages. In: Michael Großheim (Hrsg.): Perspektiven der Lebensphilosophie. Zum 125. Geburtstag von Ludwig Klages. Bonn: Bouvier, 1999, S. 21–43.

Joachim Radkau: Die Ära der Ökologie. Eine Weltgeschichte. München: Beck, 2011.

Richard Reschika: Der tödliche Pfeil – Ludwig Klages' Kultur- und Zivilisationskritik. In: Natur und Kultur. Gesellschaft für ökologisch-nachhaltige Entwicklung. 7. Jg./2, 2006, S. 62–78.

Anmerkungen

1 Vgl. Guenther, Der Naturschutz, S. 103. [Stuttgart 1919.]

2 Zitiert nach Ankenbrand, Naturschutz und Naturschutzparke. [München 1911.]

3 Deutsche Tageszeitung.

4 Aus dem Gründungsaufruf des Bundes für Heimatschutz.

5 Wer noch Sinn fuer das Volkslied hat, dem möchten wir ans Herz legen das warmfühlende Buch von Böckel, Psychologie der Volksdichtung.

Erste Auflage Berlin 2013

Druck und Bindung: Artdruk, Szczecin
Satz: psb, Berlin
Umschlaggestaltung nach einer Idee von Pierre Faucheux

ISBN 978-3-88221-047-7

www.matthes-seitz-berlin.de